*De la part de Son Éminence
pour être inséré par extrait dans la Gazette de France*

MANDEMENT

DE SON ÉMINENCE

MONSEIGNEUR LE CARDINAL

MAURY,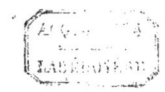

Pour ordonner qu'il soit chanté un Te Deum, *en action de grâces de la Naissance et du Baptême de* SA MAJESTÉ LE ROI DE ROME.

A PARIS,

Chez ADRIEN LE CLERE, Imprimeur de l'Archevêché de Paris, quai des Augustins, n°. 35, au coin de la rue Pavée.

JUIN 1811.

MANDEMENT
DE SON ÉMINENCE
MONSEIGNEUR LE CARDINAL
MAURY,

Pour ordonner qu'il soit chanté un Te Deum, *en action de grâces de la Naissance et du Baptême de* Sa Majesté le Roi de Rome.

JEAN-SIFREIN MAURY, par la grâce de Dieu et du Saint-Siége Apostolique, Cardinal Prêtre de la Sainte Église Romaine, du titre de la très-sainte Trinité au Mont Pincius, Archevêque-Évêque de Montefiascone et de Corneto, nommé Archevêque de Paris, Administrateur Capitulaire de cette Métropole pendant la vacance du Siége, Comte de l'Empire, etc.; au Clergé et aux Fidelles du Diocèse de Paris, Salut et Bénédiction en Notre-Seigneur JÉSUS-CHRIST, qui vient d'exaucer nos vœux, *afin de manifester aux siècles futurs, dans sa bonté pour nous, les richesses abondantes de sa grâce* (1).

Réunissons-nous tous, Nos très-chers Freres, et réjouissons-

---

(1) *In Christo Jesu : ut ostenderet in sœculis super venientibus abundantes divitias gratiæ suæ, in bonitate super nos.* Epist. B. Pauli ad Eph. cap. II, ỹ. 6 et 7.

nous devant le Seigneur, du prompt succès de nos prières. Le Prince impérial que Dieu nous a donné dans son amour, étoit le principal objet, et devient aujourd'hui le complément des Fêtes mémorables par lesquelles nous avons célébré l'alliance de l'Empereur avec l'auguste Princesse que son choix appelloit à partager avec lui le premier Trône du monde. La Religion, heureuse d'avoir fait descendre, dans toute leur plénitude, les bénédictions du Ciel sur l'union qu'elle avoit consacrée, sollicitoit depuis plusieurs mois, au milieu de nos saints sacrifices, le grand bienfait que le Tout-Puissant vient d'accorder aux vœux de la France et aux besoins de l'Europe. C'est donc au nom de cette Religion sainte, première amie du bonheur public, qu'après avoir obtenu de la bonté divine une faveur si vivement désirée, nous remplissons aujourd'hui envers vous un devoir doux et sacré, en vous adressant les mêmes paroles par lesquelles la pieuse reconnoissance de Sa Majesté exprime les sentiments que la vue de son Fils suggère à sa foi, lorsqu'il déclare aux conducteurs spirituels de son Peuple, que *la naissance du Roi de Rome est une occasion solemnelle de prières et d'actions de grâces envers l'Auteur de tout bien* (1).

C'est encore, Nos très-chers Freres, au nom de cette même Religion de Clovis, de Charlemagne et de saint Louis, que notre Ministère se plaît à publier les hommages dont leur digne successeur s'est acquitté envers le Ciel, en remontant par ses hautes pensées à la véritable source de son bonheur, quand il a répondu aux félicitations dont son cœur paternel jouissoit sur le Trône, qu'*il désiroit ardemment ce que la Providence venoit de lui accorder* (2).

---

(1) Lettre de l'Empereur aux Evêques.
(2) Réponse de Sa Majesté à son Conseil d'Etat, le 22 mars 1811.

Le touchant spectacle dont vous avez été témoins, Nos très-chers Frères, ou plutôt que vous venez de donner vous-mêmes à la France, ne sçauroit jamais s'effacer de votre mémoire. Dès le signal soudain qui, du haut de nos Temples, annonça, dans les ténèbres de la nuit, aux espérances publiques les approches de ce grand événement, une foule immense accourut vers nos Églises pour s'y joindre aux supplications du Sanctuaire. On put observer alors combien étoit puissant, pour exalter l'enthousiasme universel, le ressort de cette Religion sans laquelle aucune solemnité n'est jamais véritablement populaire, et qui s'allie naturellement à tous les grands intérêts de l'Empire. A cet appel sacré, le Peuple se réunit tout à coup dans le même sentiment et dans la même pensée : on le vit bientôt écouter avec le recueillement et l'inquiétude d'un désir balancé entre l'espoir et la crainte, les premières annonces qui excitèrent une si profonde émotion, en lui apprenant l'heureuse délivrance de Sa Majesté l'Impératrice ; cependant tant qu'il fut incertain de l'entier accomplissement de ses vœux, il comptoit en silence les explosions qui ne lui garantissoient pas encore la plénitude de son bonheur ; mais son allégresse n'eut plus de bornes, au moment où leur continuation redoublée l'assûra que c'étoit véritablement l'héritier du Trône qui venoit de naître. Des transports unanimes couvrirent aussitôt ces retentissements progressifs qu'on ne pouvoit plus entendre dans l'exaltation de la joie qu'ils avoient causée.

Le Peuple, aussitôt éclairé par ses souvenirs et par le grand intérêt de son repos, comprit ainsi de lui-même, non-seulement combien cet auguste Enfant garantissoit solidement le bonheur et la gloire de la France, mais encore combien la naissance d'un Prince héréditaire, qui est toujours d'une si haute importance dans une Monarchie, pour prévenir les troubles des successions collatérales, devient d'un beaucoup plus grand prix, au commencement d'une dynastie, en cimentant son alliance avec la Nation.

Ce tableau de la Capitale, nos très-chers Freres, a été l'image anticipée et fidelle de la France ou plutôt de tout le continent. L'Empire François s'est montré digne de sa félicité, par l'enthousiasme avec lequel il a sçû l'apprécier et la manifester. C'étoit un Peuple entier animé du même sentiment : c'étoit une famille immense qui ne connoissoit plus qu'un seul intérêt public, qu'un seul point de ralliement dans l'objet de son amour, et qui nous retraçoit, en quelque sorte, l'allégresse vive et touchante dont les Livres saints nous offrent la peinture dans l'ancien et dans le nouveau Testament, à la naissance de Samuel et de saint Jean-Baptiste.

C'est ainsi, Nos très-chers Freres, que nos vœux et nos transports, embrassant dans toute leur étendue les destinées de cet Empire, ont associé d'avance les générations futures au tribut solemnel de nos actions de grâces. Le Ciel lui-même a pris part à notre bonheur qui est éminemment son bienfait, en mettant, par la naissance du Prince impérial, les Décrets de sa Providence sur le sort de l'Europe, dans le plus parfait accord avec la suprématie politique de la France. Au moment où Dieu a ainsi doublé l'existence de l'Empereur, en lui donnant un premier fils, ce Héros qui nous gouverne avec tant de gloire, accoutumé à dominer sa joie au milieu des prospérités les plus éclatantes de son règne, s'est vû, dans le calme de sa toute-puissance, environné de la plénitude de sa renommée, ainsi que de tout l'amour de ses Peuples ; et en concentrant sur ce seul point de sa vie tout l'ensemble de ses destins, il a pû jouir à la fois, et du passé qui lui rappelle tant de prodiges, et du présent qui en consacrant tous ses succès, fait de son bonheur même le fondement le plus immuable de sa puissance ; et de ce rassûrant avenir qui s'est dévoilé et s'est fixé tout entier par cet événement devant les regards de son génie, quand il a dit au Sénat, que *tout ce que la France lui témoignoit dans cette circonstance alloit droit à son cœur; que les destinées de son Fils s'accompliroient; et qu'avec l'amour des François tout lui deviendroit facile* (1).

Quel moment, en effet, Nos très-chers Freres, pour le créateur d'un puissant Empire, que celui où Dieu lui accorde un Fils dans lequel il espère de se voir revivre! Sa puissance, quelque grande qu'elle soit, en est encore augmentée. C'est alors qu'elle se manifeste entièrement, sous la protection du Ciel, dans le rejetton destiné à la perpétuer, comme les arbres les plus vigoureux déployent plus de grandeur et de force par l'accroissement des branches qu'ils ont produites. Le berceau d'un enfant est aujourd'hui la première des citadelles qui défendent le Trône et la France.

Nous ne vous séparerons jamais, dans notre amour, de ce Fils si ardemment désiré, qui le premier vous apellera du tendre nom de Mère, vous Princesse auguste et chérie, à laquelle le Souverain et son Peuple doivent aujourd'hui le plus grand bonheur qu'ils pussent demander au Tout-Puissant. En donnant à la France un Enfant prédestiné à tant de puissance et de gloire, vous êtes devenue Françoise vous-même par le titre sacré de votre maternité. Durant les derniers temps où vous portiez dans votre sein l'espoir et le trésor de la Nation, vous ne pouviez plus vous montrer en public, sans être aussitôt le commun objet des vœux, de l'intérêt, et des acclamations universelles, digne prix de ces douces et bienfaisantes vertus, qui, en vous *plaçant si haut dans la pensée* (2) de notre Monarque, vous ont gagné tous les cœurs, et vous garantissent à jamais la véritable félicité d'une grande âme, le bonheur d'être aimée. Mais ces tributs, aussi éclatants que

---

(1) Réponse de Sa Majesté au Sénat, le 22 mars 1811.

(2) Paroles de l'Empereur en annonçant son Mariage au Sénat.

sincères, n'avoient encore alors que l'intérêt de l'espérance. De quels immenses et touchants transports d'allégresse ne serez-vous donc pas environnée, au moment où nous allons voir paroître dans le premier Temple de la Capitale, celle qui, selon le langage des Livres saints, *vient d'enfanter un Fils destiné à gouverner tant de Peuples*, réunis en une seule Nation (1)? O vous la plus heureuse des Épouses et des Mères! n'entendez-vous pas d'avance, au fond de votre cœur, ces cris d'amour et de reconnoissance d'un grand Peuple, qui vont appeler sur vous toutes les bénédictions célestes, en vous accompagnant jusqu'au pied des Autels, où la Religion vous verra portant dans vos bras le gage précieux de la félicité publique, cet Enfant de l'État, auquel son auguste Père assure en héritage toute la gloire de son siècle, et que vous ralliez si dignement à tous les grands souvenirs de notre histoire?

Ah! si dans le noble dessein de recueillir sous ses yeux les souvenirs les plus propres à exalter ses affections pour la France, le PRINCE IMPÉRIAL veut sçavoir un jour, par quels témoignages d'amour et d'allégresse, le Peuple François l'accueillit au moment où le Ciel daigna nous l'accorder dans sa miséricorde; et si le grand intérêt qu'il inspire transmet alors jusqu'à lui le souvenir des hommages qui entourent son berceau, qu'il soit bien assûré d'avance, en lisant les écrits qui lui en offriront une si foible image, de ne pouvoir jamais s'exagérer la joie extraordinaire dont sa naissance a comblé toute la Nation!

Mais la Religion sainte dont nous sommes les Ministres lui rappellera en même temps, comme le plus beau de ses dons, qu'il étoit déjà par son origine le Fils du plus puissant des Souverains, quand elle sçut l'élever au-dessus de tous ces titres fugitifs des

---

(1) *Peperit filium masculum qui recturus erat omnes gentes.* Apoc. cap. XII, ℣. 5.

grandeurs

grandeurs humaines, en faisant de lui, par la régénération baptismale, *l'Enfant de Dieu, le frère de JÉSUS-CHRIST, l'héritier du royaume éternel.* Nous nous *revêtons* tous, en effet, de JÉSUS-CHRIST par notre immersion dans les Fonts sacrés (1). Ce langage de notre foi, Nos très-chers Freres, n'exprime pas seulement une pensée mystérieuse et allégorique : c'est l'esprit, c'est le fond, c'est l'essence de la doctrine chrétienne; c'est le fondement de l'engagement sacré en vertu duquel, disent les Pères de l'Eglise, le chrétien doit à Dieu une vie toute spirituelle, dont le principe est JÉSUS-CHRIST, qui en nous adoptant, par la vertu sacramentelle des eaux du Baptême, pour faire de nous sa conquête et son héritage, nous incorpore en lui, nous transforme en lui, et vit lui-même en nous.

Telles sont, Nos très-chers Freres, les prérogatives spirituelles que la Religion présente à l'héritier du Trône, et dont nous vous invitons à venir remercier avec nous le Tout-Puissant. En effet, un seul regard fixé sur le berceau du Prince impérial ne doit-il pas exciter, dans tous les cœurs, les sentiments de la plus vive reconnoissance? Il y a, dans l'oubli des bienfaits du Ciel, quelque chose de plus odieux et de plus coupable, que dans toutes les prévarications de la vie; car les autres vices étant fomentés par les passions d'une nature corrompue, sont plus susceptibles, non assurément d'aucune excuse qui les justifie, mais du moins de pardon et de miséricorde au Tribunal du Juge suprême, qui est aussi notre Père ; au lieu que notre ingratitude envers lui, au moment même où il nous comble de ses faveurs, sembleroit ne plus laisser à sa justice aucun motif d'intérêt et de compassion.

L'Empereur, en venant ainsi présenter son Fils à la divine

---

(1) *Quicumque in Christo baptizati estis, Christum induistis.* Epist. B. Pauli ad Galat. cap. III, ℣. 27.

adoption du Baptême, donne à tout son Peuple l'exemple d'une instructive reconnoissance, qui fut toujours la vertu caractéristique des belles âmes, et qu'il sera vivement touché de voir partagée par tous ses Sujets. Le grand bienfait dont il va rendre à Dieu de solemnelles actions de grâces, comme du gage le plus précieux de cette Providence spéciale qui signale tout le cours de sa vie, ouvre devant lui une nouvelle carrière de gloire. Chargé, par ses devoirs paternels, de l'éducation du Fils que Dieu livre à son amour, son génie créateur sçaura fonder une brillante école de cet art si difficile d'élever les maîtres du monde. Il acquittera sa dette, en choisissant pour instituteurs des Princes de son sang, de nobles émules, s'il en existe encore parmi nous, de ces hommes immortels qui ont sçû tant illustrer en ce genre le règne des plus grands Rois. Puisse donc l'élite de sa Nation, lui fournir des coopérateurs dignes de remplir ses vues, et de répondre à l'appel de sa confiance, pour former, dans cet Enfant-Roi, l'homme, le chrétien, l'héritier du Trône, le chef de l'Armée, l'oracle des Conseils, le père du Peuple, l'arbitre de l'Europe, et le sage dépositaire d'une puissance dont il ne mesurera jamais bien toute l'étendue, que par l'immensité de ses devoirs!

Mais il est, Nos très-chers Freres, un autre rapport non moins touchant sous lequel la gloire d'un tel Père va s'accroître encore par l'éducation de son Fils. L'amour paternel achevera de nous révéler tout ce que Dieu a mis de sensibilité et de bonté dans son âme. Nous le verrons descendre, en quelque sorte, de toute sa hauteur, et se mettre à la portée d'un âge si tendre, comme autrefois le Prophète Elisée s'abaissa devant l'enfant qu'il rendit à la vie, pour l'animer de son esprit, le vivifier de son souffle, soutenir et guider ses premiers pas dans les sentiers de la vertu et dans les routes de la gloire. Avec quelle sollicitude, avec quel intérêt un œil si perçant ne sçaura-t-il pas épier et démêler les premiers rayons de sa raison naissante, les facultés de son intelligence, la sensibilité de son cœur, la trempe de son caractère, le ressort de son âme, pour découvrir de loin les destinées de cet Empire qui est son ouvrage, de cette France qui lui est si chère, et qui vient d'augmenter si vivement sa félicité, par les acclamations de la joie publique! Mais son règne sera toujours la leçon la plus instructive qu'on puisse donner à ce jeune Prince. Plus il étudiera les merveilles d'une vie si extraordinaire, plus il se convaincra, que, hors des Livres saints, qui ne sont pas les annales des hommes, mais les fastes de la Providence, le nom de l'auteur de ses jours est le plus grand que le burin de la vérité puisse graver dans l'histoire.

Dans les idées superficielles du monde, Nos TRÈS-CHERS FRERES, la naissance d'un Enfant n'offrit jamais une si belle perspective; mais, hélas! dans les principes de la Religion, comme au jugement d'une saine raison elle-même, jamais aucune origine temporelle n'environna un foible mortel de tant de devoirs, de tant d'écueils, de tant de dangers. Oh! de quelle âme privilégiée la Providence n'a-t-elle pas dû l'enrichir, dans sa prédilection, pour proportionner ses forces au fardeau qui lui est imposé? Tandis que les bénédictions de tout l'Empire environnent son berceau, en proclamant ses magnifiques destinées dans tout l'Univers, la Religion, toujours prévoyante dans son amour, et pénétrée de l'immense besoin qu'il aura des grâces les plus extraordinaires, lève des mains suppliantes vers le Ciel, pour en faire descendre sur lui tous les dons de sa miséricorde, et met avec un pieux attendrissement dans notre bouche ces paroles de l'Apôtre saint Paul : *Je fléchis, à cet effet, le genou devant le Père de Notre-Seigneur JÉSUS-CHRIST, de qui seul découle toute paternité dans les cieux et sur la terre* (1).

---

(1) *Hujus rei gratiâ, flecto genua mea ad Patrem Domini Nostri Jesu Christi,*

(12)

Protecteur tout-puissant de l'Empire françois, grand Dieu! conservez à notre amour, conservez à nos espérances le précieux Enfant que vous avez destiné à perpétuer parmi nous la Religion de nos pères, la dynastie d'un grand homme, la prédomination et les prospérités de la France. Environnez-le de votre ombre, placez-le sous vos ailes, couvrez-le de votre bouclier. Envoyez l'Ange tutélaire de la Nation pour veiller sans cesse autour de son berceau, et pour en écarter tous les périls dont la vie humaine est menacée dans le premier âge. Déposez, ô mon Dieu! multipliez, faites germer dans son cœur les saintes semences de la Foi, dont les passions ne suspendent que trop le développement par leur effervescence, mais qui se raniment ensuite pour ramener au devoir les âmes qui en ont reçû le dépôt sacré dans les premières années de la jeunesse. Préservez-le surtout des fatales suggestions de l'impiété, qui selon l'image sublime du Prophète Roi, *marche toujours dans un cercle* (1); qui ne trouvant ainsi aucune issue au milieu des ténèbres dont elle s'environne, en errant sur les bords d'un précipice, s'agite sans avancer, et se fatigue vainement pour trouver un point d'appui, en tournant et en retournant sans cesse dans le labyrinthe des doutes et des incertitudes qu'engendrent toutes ces doctrines idéales, tous ces systèmes que l'on croit profonds parce qu'ils sont inintelligibles, et où l'on ne découvrira jamais rien de fixe et de réel que l'abîme immense du néant. Qu'il protège efficacement la Religion par l'autorité de ses exemples; et qu'il la regarde toujours comme le frein nécessaire du pouvoir, comme le plus sûr garant de la morale, comme le seul asyle du malheur! La Nation entière vous demande, en entourant sa foiblesse de nos vœux les plus

---

ex quo omnis paternitas in cœlis et in terrá nominatur. Epist. B. Pauli ad Ephes. cap. III, ⅴ. 13.

(1) *In circuitu impii ambulant.* Psalm. XI, ⅴ. 9.

tendres et de nos plus pieuses supplications, que cet Enfant, Roi dès le premier instant de sa naissance, marche un jour d'un pas ferme dans les sentiers de la justice, et qu'il croisse tous les jours sous vos yeux dans la crainte de vos jugements ; car *la crainte de Dieu*, dit l'éloquent Evêque de Meaux, *est le vrai contrepoids de la puissance* (1). Défendez-le donc, avec une jalouse sollicitude, du souffle empoisonné de la flatterie et de l'ivresse perfide de la toute-puissance, dont la séduction endort tant de Princes dans la mollesse et l'oisiveté qui font écrouler les Trônes. Rendez-le aussi sage, aussi bon, aussi maître de lui-même, qu'il sera puissant. Donnez-lui, comme autrefois à Salomon, cette docilité de cœur aux conseils de la raison, plus nécessaire encore pour gouverner que pour obéir. Qu'il vive long-temps avec un religieux effroi sur la première marche du plus beau Trône du Monde ; et qu'il se montre digne de s'y asseoir, en contemplant dans un avenir très-lointain, comme le plus terrible des dangers, la nécessité d'y monter un jour ! Qu'il soit sensible, qu'il soit compatissant, qu'il se laisse attendrir aux misères humaines ; qu'il se souvienne toujours que si le Ciel l'a fait grand, c'est surtout pour protéger les foibles et pour secourir les malheureux, et que, selon la pensée de l'immortel Bossuet, *Dieu met une image de sa grandeur dans les souverains, afin de les obliger à imiter sa bonté* (2). Qu'il place dans tous les instants de sa vie à la tête de ses devoirs son affection la plus profonde pour la France, dont il doit perpétuer le bonheur et la gloire. Et pour renfermer toutes nos demandes dans une seule prière, ô mon Dieu ! nous vous adressons aujourd'hui, avec tout l'Empire, les mêmes paroles que vous inspirâtes autrefois à David, dans son dernier Pseaume qu'il composa pour le Sacre de son fils Salomon ; nous répétons avec

---

(1) Politique tirée des Livres saints. Livre IV, 4°. proposition.
(2) Politique tirée des Livres saints. Livre III, article 3, 1re. proposition.

amour les accents de ce beau Cantique de reconnoissance dans lequel après avoir conjuré le Ciel de combler de bénédictions son Héritier et son Peuple, le Roi Prophète embrasse ainsi dans ses vœux tous les devoirs et tous les triomphes de son successeur.

« O Dieu! donnez au Roi la droiture de vos jugements, et au Fils du
« Roi, les lumières de votre justice, afin qu'il juge votre Peuple et
« *vos pauvres* selon l'équité. Que les montagnes reçoivent la paix
« pour ses sujets, et que les collines retentissent des oracles de
« sa justice! Qu'il humilie le calomniateur, et qu'il subsiste au-
« tant que le soleil, de génération en génération. Qu'il règne
« depuis la mer jusqu'à la mer, et depuis le fleuve jusqu'aux
« extrémités de la terre. Enfin, que son nom plein de majesté
« soit béni éternellement, et qu'il remplisse tout l'Univers de sa
« gloire (1) ».

A ces causes, pour nous conformer aux pieuses intentions de Sa Majesté l'Empereur et Roi, nous avons ordonné et ordonnons ce qui suit :

1°. Il sera chanté dans la Basilique Métropolitaine de Notre-Dame, ainsi que dans toutes les Eglises Paroissiales et dans les Succursales, comme aussi dans les Oratoires publics de la Ville et du Diocèse de Paris, le 9 Juin prochain, Dimanche de la Trinité, l'Hymne

---

(1) *Deus judicium tuum Regi da, et justitiam tuam Filio Regis. Judicare populum tuum in justitiâ et pauperes tuos in judicio. Suscipiant montes pacem populo, et colles justitiam. Humiliabit calumniatorem, et permanebit cum sole in generationem et generationem. Dominabitur à mari usque ad mare, et à flumine usque ad terminos orbis terrarum. Benedictum nomen majestatis ejus usque in æternum, et replebitur majestate ejus omnis terra.*

C'est le commencement du Pseaume LXXIe., dont le 21e. et dernier verset se termine par ces paroles : *Defecerunt laudes David, filii Jesse;* c'est-à-dire, *Ici finissent les Cantiques de David, fils de Jessé*.

eucharistique, *Te Deum laudamus*, avec l'Oraison *Pro gratia-rûm actione*, pour remercier Dieu de la Naissance et du Baptême de Sa Majesté Napoléon-François-Charles-Joseph, Prince impérial et Roi de Rome. Le *Te Deum* sera chanté, et les Oraisons prescrites se diront, le Dimanche qui suivra la réception de ce Mandement, dans toutes les Paroisses et dans les Succursales où il ne sera pas encore parvenu, le Dimanche de la Trinité.

2°. Tous les Prêtres ajouteront à la sainte Messe, qu'ils diront ou qu'ils chanteront le même jour, la *Collecte*, la *Secrète* et la *Post-communion*, qui se trouvent à la suite de ce Mandement.

3°. Conformément à la délibération prise sous notre présidence, par le Chapitre métropolitain de Paris, et approuvée par notre autorité, il sera placé incessamment dans la Basilique de Notre-Dame, un marbre avec une inscription, pour y conserver à perpétuité le souvenir du Baptême solennel, administré dans son enceinte à Sa Majesté le Roi de Rome.

4°. En vertu de la susdite délibération capitulaire, dont nous approuvons le contenu, et dont nous ordonnons l'exécution, il sera chanté, durant la vie du Roi de Rome, tous les ans, le Dimanche de la Trinité, dans la même Basilique de Notre-Dame, une Messe solennelle, à laquelle on ajoutera la *Collecte* et les autres Prières ci-dessus indiquées, et qui sera suivie d'un *Te Deum*, après lequel on donnera la Bénédiction du très-saint Sacrement, pour demander à Dieu tout ce qui pourra intéresser la conservation, le salut, le bonheur et la gloire de ce Prince.

Et sera, notre présent Mandement, lû à tous les Prônes des Eglises Paroissiales ou Succursales de la Ville et du Diocèse de Paris, le 9 Juin, Dimanche de la Trinité, ou le Dimanche suivant si l'on ne l'a pas reçu à temps, publié et affiché, selon l'usage, partout où besoin sera, pour être exécuté dans sa forme et teneur.

Donné à Paris dans le Palais Archiépiscopal, sous notre sçeau, notre seing et le contre-seing du Secrétaire de l'Archevêché, le Mercredi des Quatre-Temps, 5 Juin 1811.

Signé, JE. SIF. Cardinal MAURY.

Par ordre de Son Éminence,

Achard
Chanoine-Secrétaire.

Lettre de Sa Majesté l'Empereur et Roi à S. E. le Cardinal Maury.

Mon Cousin, la naissance du Roi de Rome est une occasion solemnelle de Prières et de remercîments envers l'Auteur de tout bien. Le neuf Juin, jour de la Trinité, nous irons nous-même le présenter au Baptême dans l'Eglise de Notre-Dame de Paris. Notre intention est que nos Peuples se réunissent dans leurs Eglises, pour assister à un *Te Deum*, et joindre leurs Prières et leurs Vœux aux nôtres. Concertez-vous, à cet effet, avec qui de droit, et remplissez nos intentions avec le zèle dont vous nous avez donné des preuves réitérées. Cette Lettre n'étant à autre fin, nous prions Dieu, qu'il vous ait, Mon Cousin, en sa sainte et digne garde.

A Rambouillet, le 18 Mai 1811.

Signé, NAPOLÉON.

Pour copie conforme,
Le Ministre des Cultes, Comte de l'Empire,
Signé, BIGOT DE PRÉAMENEU.

Par le Ministre,
L'Auditeur au Conseil d'Etat, Secrétaire général.
D. JANZE.

M. le Cardinal Archevêque de Paris.

ORATIONES

Dicendæ in omnibus Missis, die nonâ mensis Junii 1811, Dominicâ Sanctissimæ Trinitatis, pro solemni Baptismate NAPOLEONIS-FRANCISCI-CAROLI-JOSEPHI, *Romanorum Regis, in Diœcesi Parisiensi.*

COLLECTA.

OREMUS.

CREATOR omnipotens, immense Deus, per quem Reges imperant, et legum conditores jura decernunt, largiri dignare famulo tuo NAPOLEONI-FRANCISCO-CAROLO-JOSEPHO, ut in sacro renatus fonte Baptismatis, ab ortuque suo ad imperium tuâ miseratione vocatus, fiat inter Reges christianæ vitæ exemplar, Ecclesiæ catholicæ præsidium, alterum prosapiæ suæ decus, atque inter supremos honores pietate major, ad te cœlestemque coronam, toto cordis desiderio, semper adspiret : Per Dominum nostrum Jesum Christum Filium tuum, qui tecum vivit et regnat in unitate Spiritûs Sancti Deus, per omnia sæcula sæculorum. ℟. Amen.

SECRETA.

JESU Redemptor mundi, Rex Regum, et dominantium omnipotens Domine, respice propitius super famulum tuum NAPOLEONEM-FRANCISCUM-CAROLUM-JOSEPHUM : præsta, auxilio gratiæ tuæ, ut perenniter memor sacri fœderis quod in suæ regenerationis Sacramento coram Domino pepigit, mentem suam ad omnia ejus mandata dirigat, Regiamque potestatem sanctificet in Dei cultu maximè dilatando, colentes Deum foveat ac protegat, et in diebus peccatorum corroboret pietatem : Qui vivis et regnas cum Deo Patre, in unitate Sancti Spiritûs, per omnia sæcula sæculorum. ℟. Amen.

POSTCOMMUNIO.

Oremus.

Spiritus Sancte Deus, à quo cuncta bona procedunt, exaudi supplicum preces pro famulo tuo NAPOLEONE-FRANCISCO-CAROLO-JOSEPHO : crescere eum facias in fide, gratiâ, sanctitate Baptismatis sui : da illi sedium tuarum assistricem sapientiam, gloriam in gente suâ, et ad extremum terræ, pacem et concordiam in diebus suis : sit fortis in bello, potens in solio, maximus in salutem electorum Dei; justitiâ et clementiâ roboretur tronus ejus; manus Dei auxilietur ei, ut longo tempore regnet, paternæque sollicitudinis semper æmulator, post faustos ac felices regni temporanei labores, ad felicitatem in cœlis pervenire mereatur æternam : Per Dominum nostrum Jesum Christum, cui est gloria et imperium, cum Patre et Spiritu Sancto, in sæcula sæculorum. ℟. Amen.

N^a· Eædem Orationes quotannis in Ecclesiâ Parisiensi Metropolitanâ dicentur, die Anniversarii Baptismatis, Dominicâ Sanctissimæ Trinitatis recurrente.

www.ingramcontent.com/pod-product-compliance
Lightning Source LLC
Chambersburg PA
CBHW071431060426
42450CB00009BA/2120